小学生**综合能力**提升课

赢在学习力

U0754744

秦有亮◎编著　郭秋瑶◎绘

山西出版传媒集团　三晋出版社

图书在版编目（CIP）数据

赢在学习力 / 秦有亮编著 ; 郭秋瑶绘. -- 太原 :
三晋出版社，2025. 1. --（小学生综合能力提升课）.
ISBN 978-7-5457-3174-3

Ⅰ. G791-49

中国国家版本馆CIP数据核字第2025E67S15号

赢在学习力

编　　著：秦有亮

绘　　者：郭秋瑶

责任编辑：郭亚林

出 版 者：山西出版传媒集团·三晋出版社

地　　址：太原市建设南路 21 号

电　　话：0351-4956036（总编室）

　　　　　0351-4922203（印制部）

网　　址：http://www.sjcbs.cn

经 销 者：新华书店

承 印 者：天津中印联印务有限公司

开　　本：710mm×1000mm　1/16

印　　张：7.5

字　　数：56 千字

版　　次：2025 年 1 月　第 1 版

印　　次：2025 年 3 月　第 1 次印刷

书　　号：ISBN 978-7-5457-3174-3

定　　价：56.00 元

如有印装质量问题，请与本社发行部联系　电话：0351-4922268

目录

导语

　　小读者们，当你们看到这本书的名字时，或许会感到好奇：我懂得学习是什么，但"学习力"究竟是什么意思呢？其实，学习力是一个非常重要的概念，也是一种很厉害的"功夫"。只有掌握了它，才算真正懂得学习。

　　这本书从以下四个方面入手：首先，探讨日常学习中常见的问题，如拖延、缺乏时间观念、对电子产品上瘾等，这些问题的根源在于缺少学习基本功，如时间管理、专注力提升等，掌握这些基本功，学习才能保持正确的方向；其次，讨论影响学习的坏情绪，如厌学、自卑、骄傲等，学会应对这些情绪，在学习路上保持健康、稳定的情绪和坚韧的精神品质至关重要，这更像是学习的"心法"；再次，介绍实用的学习技巧，如设置目标、制定计划、课前预习等，还有成为小学霸的法宝，如利用碎片时间、劳逸结合、高效做笔记等；最后，针对考试，介绍如何抓住考试前、考试时、考试后的关键时间点，做到有效冲刺、稳定发挥和有效总结，同时以语文和数学为例，介绍提升阅读和写作能力的方法，以及运用数学思维的方法。

　　简而言之，学习力包括学习动力、学习毅力品质、学习能力技巧，以及对知识的转化与创新。本书不仅包含丰富的"干货"内容，还讲述了同龄伙伴的故事，此外，还有博学的布谷博士、老师和爸爸妈妈为你们答疑解惑。快跟着大家一起，踏上学习力的修行之路吧！

写作业拖拉磨蹭怎么办?

"写作业",只是简单的三个字,却常让我感到如同背负着一座高山,任务量仿佛是无边无际的大海。一坐到桌子前我就头大,连笔都不想拿,直到一旁的妈妈情绪逐渐失控,我才抬起沉重的胳膊,缓缓开始这段不愉快的"作业征途",耳畔还不时响起妈妈的唠叨和吼叫。我真的不想这样呀……

书山

题海

难堪的写作业时光

1. 每天放学回家，书包一扔，开始"放飞自我"，到了学习时间我还处在兴奋状态，总想再多玩一会儿。

2. 当我开始写作业时，总感到有一股无形的压力阻碍我，三分钟后我还没打开书，五分钟后我还没拿起笔。

3. 我刚写了没一会儿，突然又想喝水、上厕所，屁股像扎了刺一样坐不住。

4. 眼看到了快睡觉的时间，作业还有一大堆没有完成，此时的我脑子已经停滞，只想睡觉。

为什么写作业会拖延？

1. 作业在你脑海中是一个大任务，像一整块石头一样难"啃"，会造成心理上的压迫感。

2. 当你玩得正开心的时候，很难快速且顺利地转换到学习状态。

3. 你觉得写作业就是一个不得不做的任务，并没有什么意义。于是你会出现敷衍、拖延的心理。

4. 你追求完美，总担心不够好，反反复复想做到最好，经常在　处地方花费很长时间。

布谷博士说

即使你是一个写作业拖延的孩子，也不要怕，因为许多同龄的孩子都与你有着相似的困扰。作为小学生的你，还难以对要做的事情保持充分的掌控感，特别是在面对有压力或看似复杂的任务时，更容易选择逃避或敷衍了事，这正是拖延的根源。重要的是，认识到这一点后，我们就应该积极寻找解决问题的方法，逐步克服拖延，提高学习效率。

治疗"写作业拖延症"有妙招儿

1. 列作业清单，按顺序把整块任务拆成一个个小块，把心理压力分解掉。

2. 加入"转换"环节，比如坐下来喝杯水，准备书本、文具，像一个习惯性的信号一样，告诉自己结束玩耍，开始学习。

3. 先从一项最简单的作业开始，比如用一分钟做 10 道口算题，以此来完成自我启动，之后就不再畏难，从而顺利过渡到正常的作业中去。

4. 奖励自己，每完成一项作业，就画一个小星星。此时大脑会分泌内啡肽，让你获得满足感和快乐感。

大家都说我没有时间观念，我好难过

大家都说我的时间管理得一团糟，完全没有规划，这让我很难过。就像昨天晚上，我明明和小伙伴约好了7点写完作业一起去楼下踢球，可是到了7点，我的作业还没写几个字……我也想变成准时小超人，可时间总偷偷跑掉。谁能教教我，怎么抓住它？

时间观念到底是什么，怎么拥有它？

缺乏时间观念，会怎样？

1. 容易分心走神，养成拖拖拉拉的坏毛病，学习效率低。

2. 任务经常无法按时完成，导致计划一再落空，最后无法兑现对自己的承诺，时间长了就会感到挫败和自卑。

3. 没法准确地感知时间，不知道完成一项学习任务或者一件事要花多久，不会制定学习目标和规划。

4. 养成懒散、不积极的学习习惯，学习和做事总是需要依赖他人，没有驱动力。

为什么你会缺乏时间观念？

1. 你可能还没意识到时间流逝之快，体会不到时间的宝贵。

2. 你可能是缺少大人们的正确教育和引导，甚至还会受到错误示范的影响。

3. 你可能倾向于即时性满足，导致自我控制能力较弱，抵制不住诱惑。

布谷博士说

　　孩子们，时间管理意识需要逐步培养。首先，你要认识到时间的价值，可以利用图表或闹钟，直观感受时间的流逝。其次，在家长陪伴下，设定目标，制定合理的计划，逐步培养自律的好习惯。每次按时完成后，给予自己正面反馈。记住，耐心与坚持是关键。让时间成为你成长的助力，而非负担。

怎么培养时间观念？

1.利用时间工具，比如日历、时钟、计时器、沙漏，将抽象的时间具体化。

2.采用提醒法，让名言警句时刻提醒自己注意时间的宝贵。

3.感知时间的长度，试试1分钟、5分钟、30分钟……都可以完成哪些学习任务。

任务项	时间段	计划时间	实际花费时间	分析
晨读				
数学题单				
休息				
语文字帖				
休息				
数学应用题				
休息				
语文阅读专项				

4.制作时间管理表格，记录一天当中每项学习预计要花费的时间和实际花费的时间，养成规划时间和总结的习惯。

为什么做好了计划，
行动力却跟不上？

大人们都说，养成一个好习惯至少需要 21 天。在设定目标和做好学习计划之后，爸爸妈妈也总是叮嘱我要坚持执行，不能半途而废。但很多时候，我遇到困难或遇到阻力时，就会想要偷懒、应付了事，甚至产生放弃的念头。缺乏行动力，真的让我好苦恼啊！

每天英语晨读计划泡汤了！

每天睡前阅读 30 分计划泡汤了！

每天课前预习计划泡汤了！

每天口算 10 分钟计划泡汤了！

每周两篇日记计划泡汤了！

每周至少跑步五天计划泡汤了！

不想行动

只想 躺着……

没有行动力，学习计划就是一纸空文

1. 就算有了目标和计划，知道了该怎么学，你也常常需要大人"推一把"，才能动起来。

2. 你容易受到外界环境的干扰和诱惑，一看到好玩的事情心就飘走了，学习质量没法保证。

3. 遇到困难和阻碍就停滞不前，频繁中断学习计划，你心里产生逃避甚至放弃计划的想法。

4. 你开始怀疑自己不能坚持下去，也怀疑做学习计划根本没用，从而造成满盘皆输的结局。

面对计划表时，你为什么会缺乏行动力？

1. 你没有把眼前的学习与稍远一点的目标和整体计划相关联，因此觉得偶尔松懈一下也没关系。

2. 学习计划没有灵活性，当你学习状态差时不懂灵活变通，没有意识到计划是可以进行合理调整的。

3. 你的学习计划里缺少兴趣的调剂和激励的引导环节，这会导致学习过程变得乏味，从而产生抵触情绪。

4. 环境的不利影响，比如遇到困难时缺少支持，或者没有榜样起带动作用。

布谷博士说

大脑中有一个区域叫前额叶皮层，它就像一个超级厉害的"指挥家"，在我们制定决策、规划未来以及控制冲动情绪时扮演着至关重要的角色。然而在青少年时期，这个"超级指挥家"处于成长阶段，其能力尚未完全成熟，更像是一位初出茅庐的"小指挥家"。当我们的学习需要较强的行动力和自控力时，这位"小指挥家"还不足以应对不同情况的发生，时而出现指挥上的偏差或失误。这种生理因素也会导致青少年在行动力和自控力上的不足。

提升行动力

请同学们来分享一下，你们是怎么提升行动力的？

行动力决定

梦想与现实的距离

我通过不断自我提醒和鼓励，坚持完成每个小目标，享受完成后的成就感，慢慢就养成了及时行动的好习惯。

遇到难题或阻碍时，我会先冷静下来，和爸爸妈妈沟通，一起调整计划，找到更适合自己的行动方案。

我把兴趣融入学习计划中，合理安排学习的内容和时间，这样学习就变得有趣多了，我也更有动力去完成每一项任务。

我设定了一些激励措施和规则，完成一项任务就给自己一点小奖励，没做好就提醒自己改进，这样我的行动力就越来越强了。

我被手机"绑架"了，该怎么办？

　　每天放学回家，第一件事就是拿起手机，我吃饭看手机，上厕所看手机，就连走路也忍不住看两眼手机。游戏与短视频的魔力，让我沉醉其中，无法自拔。更令人忧心的是，即便身处课堂，手机里的片段仍如影随形，在我脑海中盘旋不去……

我该怎么办？

沉迷手机，对你的学习影响有多大？

1. 我越来越不能集中注意力，无论在学校上课，还是在家学习，我的心总是被手机游戏的场景所牵引。

2. 长时间盯着手机屏幕，导致我的头昏昏沉沉，记忆力也变得特别差，连刚刚学过的内容也记不住。

3. 我的视力变差了，经常感觉眼疲劳、眼干涩，上课看黑板上的字也变得越来越模糊。

4. 学习时，我习惯求助于手机的网络平台，被动接受"加工好"的知识，不再愿意去独立思考问题。

为什么你会被手机"绑架"？

环境原因

1. 当今生活中处处都需要用到手机，购物支付、出行导航、社交沟通等，你很难完全避开它。

2. 学校的很多学习任务都已转移到手机平台，你需要在手机上操作才能完成。

3. 家长可能没有帮助你制定合理的电子产品使用规则，甚至他们自身就树立了错误的榜样。

自身原因

1. 你好奇心强，很容易被手机里面的游戏、视频等内容吸引。

2. 你的学习压力很大，玩手机变成一种触手可及的放松、缓解压力的方式。

3. 你意识不到过度使用手机带来的不良后果。

布谷博士说

当你使用电子产品时，无论是娱乐还是学习，大脑都处于被动接收的状态，信息轻易地涌入大脑，而当大脑习惯了这种简单粗暴的输入模式后，它就会逐渐失去独立和深入思考的意愿，会变得懒惰和迟钝，从而难以培养深度思考的能力。

怎样赶走"手机瘾"？

1. 学习的时候，主动将手机设置为关机或静音模式，并把它放置在远离视线的地方。

2. 与自己"约法三章"，设定每天或每周中哪些时间段可以使用手机，以及看什么内容。

3. 找到替代玩手机的健康活动，如户外运动、艺术创作、跳舞、玩乐器、下棋等。

4. 养成阅读的好习惯，用阅读填满碎片化的时间。当你读书"上瘾"后，手机的吸引力自然就弱了。

专注力无法集中，
全是我的错吗？

　　每次我想认真听课或者做作业的时候，脑袋里就像装了好多小虫子，"嗡嗡嗡"地乱飞。有时候在课堂上，老师的声音明明在耳边，我的心却早就飘到十万八千里外了；有时候坐在书房学习时，我会被妈妈突然的一声吼吓到。这都是因为我专注力不集中，经常开小差，为此没少挨批评。

你也有注意力无法集中的苦恼吗？

1. 上课经常开小差，跟不上老师的讲课思路，总是错过很多学习内容。

2. 学习时总是坐不住，勉强坐下来也是漫不经心，学习效率低、效果差。

3. 阅读时经常串行、丢字，阅读速度很慢；做题时也常常漏题、读错题，甚至连会做的题也总是出错。

4. 很难在短时间内保持持续的注意力，记忆力下降，刚学过的东西眨眼就忘。

注意力不集中，并不全是你的错

1. 手机、电脑、电视等电子产品充斥着我们的生活，长时间注视电子屏幕可能会导致注意力涣散。

2. 在信息过剩的时代，我们的大脑被塞满了各种碎片化信息，远超我们的处理能力，导致注意力分散。

好吵啊！

晨晨，你又神游四方了？

老师，我有点困……

3. 嘈杂的学习环境、紧张和压抑的家庭氛围，都可能对学习的专注度和持续性产生负面影响。

4. 身体状况欠佳，如缺乏运动和睡眠不足，导致学习时精力不足，容易疲乏。

布谷博士说

每个人的注意力都是可以通过后天的锻炼来提高的。比如做一些训练专注力的游戏；制定合理的学习计划，将大任务拆分为若干小任务，每次专注于完成一小部分；在学习时，选择安静、整洁的地方，减少外界的干扰；保证良好的睡眠和适量的运动；等等。

用好玩的游戏提高注意力

1. "金鸡独立"游戏：在限定时间内单脚站立，不跳出划定的圈，进行感觉统合和毅力的综合训练。

2. "听声音做反应"游戏：听到水果举右手，听到蔬菜举左手，进行听力和反应的训练。

3. 舒尔特方格训练：在 5×5 的方格内乱序填进 1—25 的数字，并依次读出来。

4. "复述句子大挑战"：每次听一句话后复述，然后增加句子的长度，升级难度再进行听和复述，每六句话为一组进行挑战。

人工智能时代，独立思考能力有多重要？

我不想被动地接受知识，我更喜欢自己寻找答案的过程，并思考是否还有其他思路，这个思考过程非常有趣。更让我高兴的是，养成这样的习惯后，我感觉自己的思维变得更加敏锐了。

爱思考和不爱思考的区别

我经常主动提问，无论是出于对周围世界的好奇，还是对学习内容的疑惑。

父母和老师已经告诉我判断标准，他们是权威，我只需要接受指导，按要求行事就可以了。

我遇到难题总是先尝试自己解决，不会立即找大人帮忙，就算错了也是一个学习的过程。

我觉得思考费脑筋，不好玩，就算偶尔想深入思考一个问题，我也不知道该如何进行。

我经常表达自己的意见，天马行空也没关系。

我懒得思考，喜欢直接采用别人的想法或者现成的答案。

独立思考能力为什么重要？

1. 只有具备独立思考和判断的能力，才能辨别信息的真伪，筛选出有害信息，保留有益信息。

2. 理解和记忆能力可能会被人工智能所替代，但独立思考能力属于难以替代的高阶思维能力。

3. 具备独立思考能力的人也通常具备创新能力，更容易成为未来所需的高科技人才。

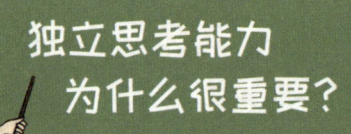

独立思考能力
为什么很重要？

我能从多个角度看待问题，并提出独特的想法或者解决方案，这让我变得更有创造力。

我专注于厘清思路，并在脑海里构建一个框架，时间长了我的逻辑思维能力就变强了。

独立思考后充分表达自己的想法，我的信心得到了增强，我能更自信地依靠自己解决问题。

布谷博士说　你们每一次的主动提问，都是对未知世界的一次勇敢探索，它不仅能极大地拓展你们的认知边界，更能在潜移默化中锤炼你们质疑既有观点、深入分析问题和有效解决问题的能力。这些能力，将是你们一生中不可或缺的宝贵财富。勇敢地提出问题，积极地寻求答案，让思考成为你们有力的武器。

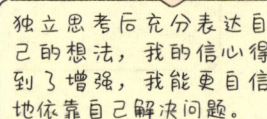

怎样提升独立思考的能力？

1. 养成多问"为什么"的习惯，这样能促使你思考多种可能性，进而独立地寻找答案。

2. 遇到问题先自己思考，实在解决不了再带着自己的思路去求助他人，不必担心犯错或尴尬。

3. 组建或加入学习小组，每个人开放性地表达自己的观点，并且认真倾听和分析他人的观点。

4. 多参与决策过程，学会权衡利弊，这样有助于锻炼你独立思考和解决问题的能力。

拿什么拯救我的记忆力?

在课堂上轻松记住的新单词,我一走出教室就像与它们告别了一般,完全忘记了。一首简单的古诗,我晚上费尽心力才背熟,可第二天一早,它们就仿佛从我脑海中溜走了。最让我苦恼的是,考试前夕,我越是紧张焦虑,越是回想不起那些复习过的知识点……唉!谁能拯救我的记忆力啊!

你常常质疑自己的记忆力

1. 别人轻轻松松就能记住的内容，你却需要通过多次复习才能牢固掌握。

2. 每次背诵课文，你都比别人耗费的时间和精力要多很多，你开始怀疑自己是不是真的很笨。

3. 别人交代你办的事情，你常常忘得一干二净，以至于让人觉得你很不靠谱。

记忆力差，并不是你天生笨！

1. 对于不感兴趣的内容，你缺乏主动记忆的动力，自然难以深刻记住。

2. 你可能缺乏充足的睡眠，大脑休息不好就会导致精神萎靡，注意力分散，记忆效率自然大打折扣。

3. 随着课业加重，你的记忆负担也会增加，这时的大脑容易疲劳，影响记忆效果。

4. 你可能过度使用电子产品，这不仅损害视力，还会干扰大脑处理信息，削弱记忆力。

5. 你可能缺乏运动，大脑血液循环不畅，影响记忆神经元的活跃度和记忆效率。

6. 在成长阶段，你的大脑仍处于不断发育和成熟的状态，神经元连接还需要优化，导致记忆力暂时波动。

7. 你可能没有掌握科学的记忆法，误以为仅靠时间堆砌和机械重复就能加深记忆。

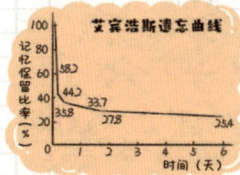

你听说过"艾宾浩斯遗忘曲线"吗？它揭示了大脑对新事物遗忘的自然规律：学习之后，遗忘立即开始，初期遗忘速度异常迅速，随后，遗忘速度会逐渐放缓并趋于稳定。学会运用这一规律来进行记忆训练，比如采取"间隔复习"方法——在学习后的不同时间段进行复习，可以显著提高记忆效果。

找对提高记忆力的方法并不难

1.尽量减少电子产品的使用，降低对大脑的干扰。同时增加体育运动，促进身心健康。

2.根据"艾宾浩斯遗忘曲线"的规律，制定科学的复习计划，坚持按照计划执行。

3.用"逻辑法"记忆，在充分理解新学内容的基础上，让它们与之前学过的内容建立逻辑关系。

4.用"联想法"记忆，让汉字、古文诗句、英语单词等和有趣的画面和故事联系起来。

创新力对我到底有什么用？

　　有人说，创新力强的人在遇到问题时总能找到独特而有效的解决方法，他们不会被传统观念束缚，愿意尝试新方法，所以在竞争激烈的环境中总能脱颖而出。像我这样的"保守派"，是不是也该转变一下思路，尝试一下呢？

你觉得创新是一件很费脑筋的事

1. 你的学习方法主要依赖于死记硬背和大量做题，而对于如何举一反三，你很少思考这个问题。

2. 每次写作文，你都习惯性地去模仿范文。你不太愿意尝试新的写作方法，生怕会出错影响成绩。

3. 你认为只要按部就班地掌握这一门学科的课本知识就可以了，不需要创新地和其他学科建立联系。

你忽略了创新的重要性

 现在

1. 保持好奇心和丰富的想象力，能写出独特又精彩的作文！

2. 养成独立思考和自主解决问题的习惯，练习抓住问题本质和触类旁通的能力。

3. 善于发现生活中的知识，并思考如何将知识应用于实践，这样学习就变得更有趣了。

4. 能够自由探索感兴趣的课题，独立专注地学习，培养自我驱动力。

 未来

1. "创造力"被称为21世纪的"超能力"。

2. 创新思维能激发个人潜能，让你更好地迎接未来的竞争。

3. 科技是国家强大的基石，创新型人才是科技进步的关键。

4. 众多常规能力正在被人工智能替代，但创新思维却难以被取代。

来看看，创新能力对现在的学习有什么帮助呢？

我来自未来，创新能力能让你成为未来所需的人才。

布谷博士说

你知道吗？创新力是指你在面对问题时，能够不拘泥于传统方法，勇于尝试新思路、新方法的能力。它是想象力、创造力与解决问题能力的综合体现，让你在思考问题时能跳出常规框架，发现新的可能性。拥有创新力，意味着你能在不断变化的世界中，找到独特的解决方案，创造属于自己的价值。

怎样提升创新力？听听大家的想法

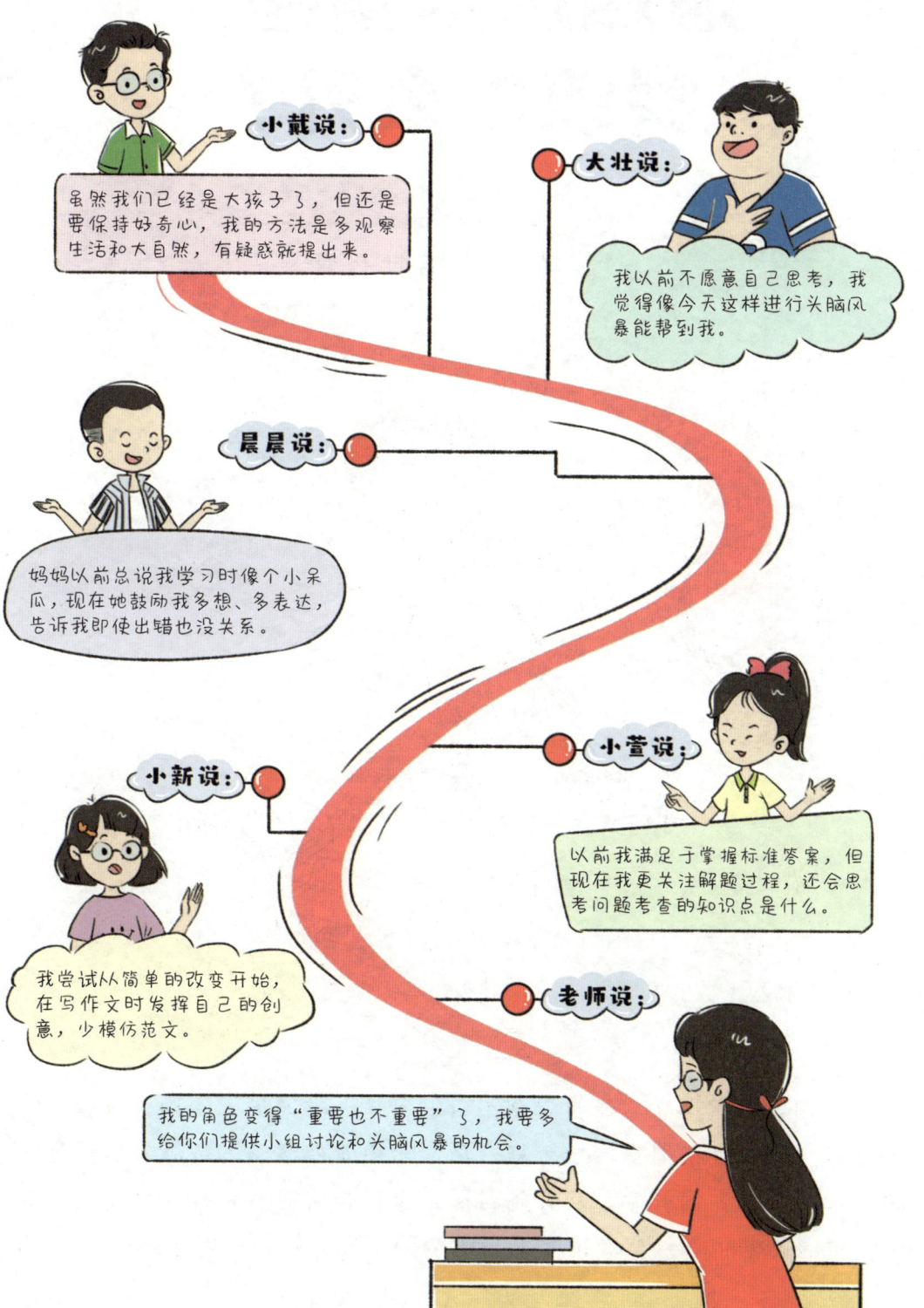

小戴说：
虽然我们已经是大孩子了，但还是要保持好奇心，我的方法是多观察生活和大自然，有疑惑就提出来。

大壮说：
我以前不愿意自己思考，我觉得像今天这样进行头脑风暴能帮到我。

晨晨说：
妈妈以前总说我学习时像个小呆瓜，现在她鼓励我多想、多表达，告诉我即使出错也没关系。

小萱说：
以前我满足于掌握标准答案，但现在我更关注解题过程，还会思考问题考查的知识点是什么。

小新说：
我尝试从简单的改变开始，在写作文时发挥自己的创意，少模仿范文。

老师说：
我的角色变得"重要也不重要"了，我要多给你们提供小组讨论和头脑风暴的机会。

遭遇厌学情绪，我该怎么办？

上学有什么意义！

　　以前，我觉得学习是再正常不过的事情，就像每天吃饭、玩耍、睡觉一样，我也能像很多同学一样，从学习中收获满满的成就感。可是，不知道从什么时候开始，我开始讨厌上学，学习对我来说好像失去了意义，我甚至想逃学。我变成了大家眼中的"异类"，我好苦恼……

厌学情绪像阴霾一样笼罩着我

1. 早上一想到即将上学，我就感到心烦意乱，于是磨磨蹭蹭地起床和洗漱，以此来拖延时间。

2. 课堂上，我不想听课，注意力很难集中，经常被老师点名。

3. 以前喜欢的学科，现在也丝毫提不起兴趣。看着别的同学回答问题兴致勃勃，我无动于衷。

4. 作业就更别提了，能拖就拖，完成质量很差。对于学习成绩也不关心。

为什么会厌学？

心理因素

1. 缺乏比较明确的学习目标，没有动力。

2. 感到学习或者具体的某个学科枯燥无味，提不起兴趣。

3. 因为对成绩不满，产生不自信和低落情绪。

4. 没掌握良好的学习方法，感到处处是阻碍。

外在影响

1. 被父母施加了过大的学习压力，却没有得到及时的疏导。

2. 有社交困难，被同学疏远排斥。

3. 难以适应新环境，比如新学校、新班级、新同学。

4. 被网络、电子游戏等不良因素影响。

布谷博士说

在学习路上偶尔感到疲惫、不想学是很正常的，不只是你，就连大人也有不想上班的时候呢！这只是成长过程中的一个小小波折，记住，你的爸爸妈妈、老师还有同学们都在你身边，他们会给予你支持和帮助。学习不仅仅是为了考试，更是为了探索世界。振作精神，不要害怕，相信自己，一步一步地去跨越困难，你会发现你比想象中更加勇敢和优秀！

赶走厌学情绪的好办法

1. 给自己定一个个小目标，逐个实现，找回自信，然后奖励自己。

2. 跟父母好好谈心，一次不行就进行多次，尽量排解压力，并一起制定合理的学习规划。

3. 请教父母、老师和同学，找到好的学习方法，减少阻碍，让学习变得顺利。

4. 加入学习小组，与同学一起开心学习，互相促进，远离不良环境。

大人总说我没有上进心，我该怎么办？

　　大人总说我没有上进心，可我也想变得更好呀。我也努力过，但结果好像总是不那么理想。我也想不断进步，让大家看到我的闪光点。可是到底该怎么做呢？

这些"不求上进"的影子，是否在你身上出现过？

1. 你对学习持无所谓的态度，提不起兴趣，总是得过且过。

2. 你总是拖延学习任务，习惯性地等到最后一刻才开始行动。

3. 你对自己没有过高要求，做任何事都觉得差不多就行。

找到缺乏上进心的根源

1. 由于学习的自我效能感低，你对完成学习任务缺乏信心。

2. 因为缺少内在动力，你对学习提不起兴趣，也感受不到学习带来的满足感。

3. 目标设定得不合理，要么过于简单，很容易实现，要么遥不可及，完成起来困难重重，这导致你不愿再设定目标。

4. 受限于当前认知，你没有意识到安于现状、不求上进对未来可能产生的负面影响。

5. 身边缺乏积极的榜样，特别是父母可能没有通过自己的言行来树立一个好的榜样。

6. 想进步却因自己的力量有限，并且缺乏他人的支持和帮助，导致自信心受挫，只好选择放弃。

为什么我没有上进的动力呢？

布谷博士说

培养上进心的核心在于学习动机的激发。学习动机可分为内在动机与外在动机两类。内在动机源于个体的好奇心与满足感，外在动机则与外部奖励或惩罚紧密相关。当一个人拥有内在动机时，学习是出于对新知识或技能的浓厚兴趣和热切渴望，而非单纯为了获取外在奖励或规避惩罚。因此，内在动机能够促使我们深入钻研知识、维持长久的学习热情。

激励自己更上进，按这五步走！

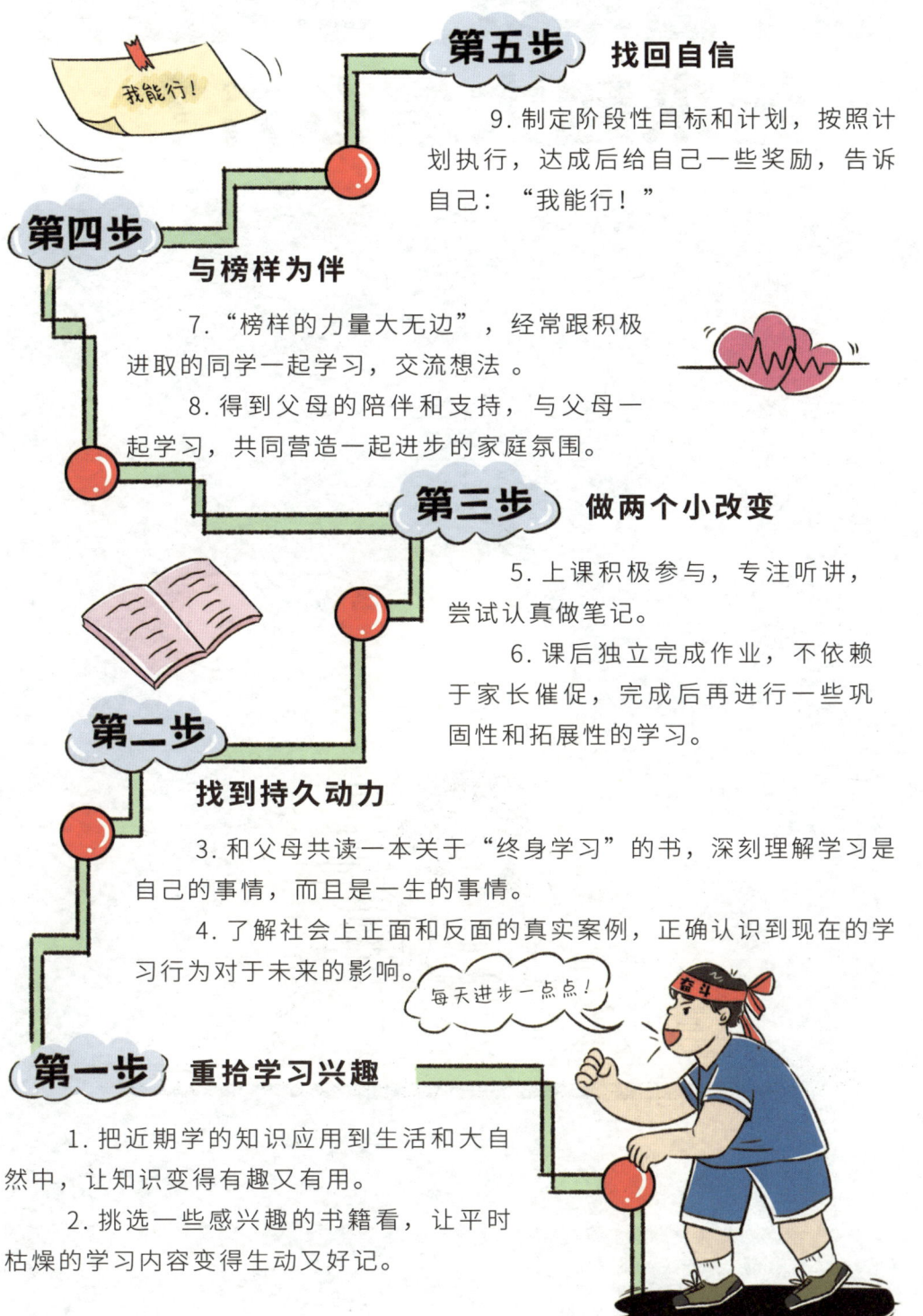

第五步 找回自信

9.制定阶段性目标和计划，按照计划执行，达成后给自己一些奖励，告诉自己："我能行！"

第四步 与榜样为伴

7."榜样的力量大无边"，经常跟积极进取的同学一起学习，交流想法。

8.得到父母的陪伴和支持，与父母一起学习，共同营造一起进步的家庭氛围。

第三步 做两个小改变

5.上课积极参与，专注听讲，尝试认真做笔记。

6.课后独立完成作业，不依赖于家长催促，完成后再进行一些巩固性和拓展性的学习。

第二步 找到持久动力

3.和父母共读一本关于"终身学习"的书，深刻理解学习是自己的事情，而且是一生的事情。

4.了解社会上正面和反面的真实案例，正确认识到现在的学习行为对于未来的影响。

每天进步一点点！

第一步 重拾学习兴趣

1.把近期学的知识应用到生活和大自然中，让知识变得有趣又有用。

2.挑选一些感兴趣的书籍看，让平时枯燥的学习内容变得生动又好记。

我能行！

到了高年级，学习压力越来越大怎么办？

在小学低年级的时候，我总能兼顾学习和玩乐。但是随着年级的升高，学习内容变多，难度变大，同学间的竞争也变得更激烈。我不得不加倍努力学习，玩乐的时间大大减少，有时甚至睡眠不足。我开始对分数越来越敏感，一旦成绩下滑就会焦虑不安。哎，真是累呀！

你觉得学习的压力越来越大

1. 你总有写不完的作业，常常熬夜，周末也没有多少放松娱乐的时间。

2. 面对很难的课本内容，你有时费尽心思也难以掌握方法，背答案对你来说也很困难。

3. 你的父母总是拿你跟成绩较好的同学做比较，这让你压力更大，你不得不鞭策自己要更加努力。

4. 看着别人在窗外玩耍，你只能坐在写字桌前学习，你开始产生抵触情绪，内心也变得越来越压抑。

你的学习压力来自哪里？

外在原因

1. 家长对成绩过分关注，会增加你的学习压力。

2. 同学之间竞争十分激烈，你一刻都不敢放松。

3. 到了高年级，学科任务变得繁重，从前的学习节奏和方法无法适应目前的学习要求。

自身原因

1. 个人定位有偏差，缺乏明确的学习目标和长远规划，导致缺乏学习的自我驱动力，只能被迫学习。

2. 缺乏科学有效的学习思维和方法，导致学习时间长、效率低，很容易身心俱疲。

3. 不会做学习计划，不懂得劳逸结合，学习起来没有规律和节奏，学习任务显得杂乱无章。

布谷博士说

当你持续不断地学习新知识或一项技能时，初期可能会经历快速的进步，但随着时间和精力投入的增加，进步反而不那么明显，甚至还会感到压力大、疲劳。这种现象被称为"边际效应"。为了避免这种情况，你可以制定合理的学习计划，采取多样化的学习方法，保持学习动力和效率。

怎样减轻学习带来的压力？

1. 与父母沟通，找准定位，避免从众心理，踏踏实实走自己的学习之路，不盲目与他人比较。

2. 向老师、同学请教有效的学习方法，让学习事半功倍，减少重复、低效甚至无用的练习。

3. 增强时间观念，学习做计划的技巧，一项一项完成，学习的内容和时长都在掌控之中。

4. 培养至少一个爱好，学习劳累时可以放松身心；加强体育锻炼，让身体更强壮、精力更充沛。

考试考砸陷入沮丧，
难以自拔怎么办？

连续两次考试都考砸了，我心里难过极了。之前明明很努力地学习，成绩却不尽如人意，这让我感到十分沮丧。我试着安慰自己，但一想到那些错题和可怜的分数，沮丧的情绪就会再次涌上心头。现在，我甚至对学习产生了恐惧，好像失去了信心。我该怎么办呢？

考试考砸后，你常常深陷沮丧的情绪中

1.你寝食难安，反复回想考试的每一个细节，既自责又担心会被父母和老师批评。

2.你郁郁寡欢，做什么事情都提不起兴趣，仿佛生活失去了色彩。

3.你开始质疑自己的能力，对过去付出的努力产生怀疑，感觉自己似乎永远无法追上其他同学的步伐。

为什么考砸会让你长时间陷入沮丧情绪?

1. 当事实（考试考砸）发生时，你的大脑首先会自动关注负面的东西。

2. 你倾向于从过去找原因，并开始预测将来会发生的事情，却唯独不关注现在。

3. 充斥你大脑的想法逐渐替代了事实，比如"我太差劲了"替代了"这次考砸了"。

4. 新形成的想法作为"事实"重新输入大脑后，会产生负面情绪，如沮丧、不自信。

5. 按照这样的循环模式运行一段时间之后，你的大脑将难以区分事实、想法和情绪。

天气真好呀！我的心情好舒畅。

好天气是事实，好心情是你爸爸自己的感受。

嗯！虽然考试考砸是一个不怎么好的事实，但我可以选择不沮丧。

布谷博士说

考试没考好，其实就像给你的学习做了一次"小体检"，它指出了你哪些知识点比较薄弱，需要进一步加强和改进。不要把一次不理想的成绩当作终点，而是要勇于从失败中找出问题所在，调整学习方向，把每次考试都看作是一次让自己变得更强的机会。

用"4步法"走出负面情绪

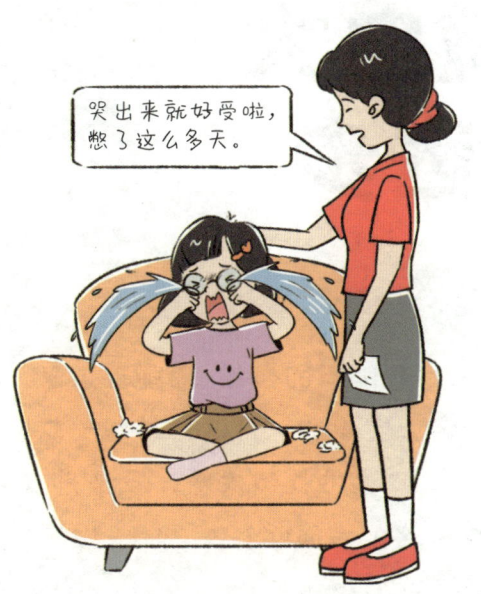

1. 先处理情绪再处理事情。坦然接受已经发生的事情，适时地将情绪表达或发泄出来。

2. 尝试将注意力从负面信息中抽离，关注积极的方面，比如考试失利能让自己看清不足之处。

3. 区分事实和情绪，事实是"一次考试失利"，而沮丧是大脑对事实产生的情绪反应。

4. 针对事实而非情绪去分析原因，并制定改进计划。

别让骄傲自大阻碍你进步

　　这次考试，我的成绩遭遇"滑铁卢"，正当我郁闷的时候，老师走过来，微笑着对我说："这次的经历会是你成长路上宝贵的一课。仔细想一想，是不是骄傲情绪影响了你的学习状态呢？"我这才恍然大悟，原来是我过于骄傲才导致成绩下滑。那我该怎么改掉这个毛病呢？

骄傲使人退步

不骄傲,不骄傲,不骄傲

不骄傲,不骄傲,不骄傲

你是否有骄傲自大的时候？

1. 你高估了自己的能力，认为自己什么都懂，觉得新知识容易掌握，忽视复习和巩固，过度自信。

2. 你忽视老师和父母的指导与提醒，不重视外界的反馈，而且缺乏自我反思的习惯。

3. 你自认为比别人优秀，轻视他人的进步。不愿意分享学习方法，更不愿意虚心向别人请教。

4. 你满足于当前的学习成绩，并认为不会被别人超越，也不用继续努力了。

在学习上骄傲自大会有什么影响？

1. 产生骄傲情绪容易让你轻视基础知识，错过深度理解的机会，遇到有难度的考查就会"发挥失常"——其实是发挥正常。

2. 盲目自信，对老师和同学的建议不屑一顾，结果反而让自己没有办法再继续进步。

3. 由于过于自负，在面临挑战和遇到挫败时，更容易情绪起伏，最后陷入沮丧等负面情绪的旋涡中。

4. 缺少团队合作精神，甚至不尊重别人，导致人际关系紧张。

布谷博士说

作为小学生的你正处于自我意识迅速发展的阶段，如果在某些方面取得了成就或者得到过度赞扬，可能会对自己的能力产生过高的估计，进而自视过高，忽视他人的建议。如果缺乏失败的体验或者没有学会尊重和欣赏他人，你容易产生一种以自我为中心的傲慢态度，表现出骄傲自大的行为。

怎样赶走内心的骄傲自大？

1. 寻找比自己更优秀的人作为榜样，学习他们的谦逊和努力。

2. 给自己设置更高的目标，挑战更有难度的任务，保持持续学习的动力。

3. 意识到"人外有人，天外有天"，学会尊重并欣赏他人，与同学共同学习进步。

学习成绩不好，就是一个失败者吗？

  我常常因为学习不好而自卑，自觉处处不如人，仿佛无形中被打上了"失败者"的烙印。与同学交流时，我羞于谈论成绩，那份自卑让我难以坦然面对。我开始怀疑自己的价值，觉得自己一无是处，仿佛整个世界都失去了色彩。

成绩不好，常常让你感到自卑

1. 你尽量避免参加同学聚会或社交活动，害怕成为大家谈论成绩时的焦点。

2. 在课堂上，你不敢轻易发表自己的看法，生怕自己说错话而在同学面前出丑。

3. 面对学习上的困难，你总是知难而退，不敢正视问题，害怕失败。

4. 你经常在心里贬低自己，认为学习不好就意味着自己一无是处，非常没用。

学习不好，并不代表你是个失败者

1. 成绩不是衡量一个人价值的唯一标准，它只是反映了你在某个特定阶段的学习成果，并不能全面说明你的能力和未来的发展潜力。

2. 或许你在学习上遇到了困难，但这并不意味着你在其他方面没有突出的才能和天赋。发掘并培养自己的特长，同样可以证明你的价值。

3. 学习上的挫折和困难是成长过程中的必经之路。这些经历可以锻炼你的意志力，让你在未来的道路上更加坚韧不拔。

4. 人生是一场马拉松，学习只是人生中的一部分。成功和失败都是暂时的，重要的是如何保持积极的心态，持续努力，不断前进。

布谷博士说

　　孩子们，成绩只是衡量学习的一个方面，它并不能定义你的全部。每个人都有自己擅长的领域和独特的价值。不要因为一时的成绩不佳就否定自己。摆脱自卑的束缚，用积极的心态去面对挑战，相信自己，你拥有无限的潜力和可能性。

怎样摆脱成绩差带给你的自卑感？

1. 正视自己的成绩，不逃避、不否认，接受当前的不足是进步的开始。

2. 设定可实现的学习目标，制定合理的学习计划，逐步完成目标，提高学习成绩，找回自信。

3. 发现自己的长处和特质并学会自我欣赏，增强自我价值感。

怎样赶走嫉妒心，敞开心胸向他人学习？

有什么了不起的!

　　我好像"见不得别人好"，当别人取得好成绩、受到老师表扬或与同学们欢乐相处时，我会不由自主地心生敌意。我暗地里不服气，却又试图模仿他们，渴望获得相同的成就与别人的认可，这种过度的竞争心态及情绪起伏，都源于嫉妒心的驱使。

我的嫉妒心

1. 我经常过分关注别人的成绩，只要别人表现得比我好，我的心里就会酸溜溜的。

2. 闺蜜在元旦收到好多同学的贺卡，而我却只收到几张，我的心里酸溜溜的。

3. 当妈妈表扬妹妹，却对我视而不见时，我的心里就会酸溜溜的。

4. 看见别人更受欢迎，我觉得不公平，心里就会酸溜溜的。

为什么过度嫉妒会迷惑我们的心智?

1. 嫉妒常常让我们难以理性地看待自我，有时候甚至对自己所拥有的一切视而不见。

2. 嫉妒情绪出现时，就会在心里暗示自己不如人，或者产生被超越的恐惧感，从而动摇了自我价值感，使判断偏离正轨。

3. 产生嫉妒情绪后，会不自觉地将自己与他人比较，忽视自身优点，陷入负面循环。

4. 在嫉妒情绪的笼罩下，自信逐渐消散，取而代之的是深深的失落与沮丧。

布谷博士说

　　嫉妒是一种很复杂的情绪，它源于个体察觉到他人在某种优越状态或成就上超越自己时，内心产生的不愉快、厌恶乃至憎恨感。人在产生嫉妒的同时，也会伴随着屈辱、羞耻及自卑等深刻的心理体验。产生嫉妒情绪是一件很正常的事情，这件事不分大人和小孩，有时候甚至连小动物也会心生嫉妒。

怎样赶走嫉妒情绪?

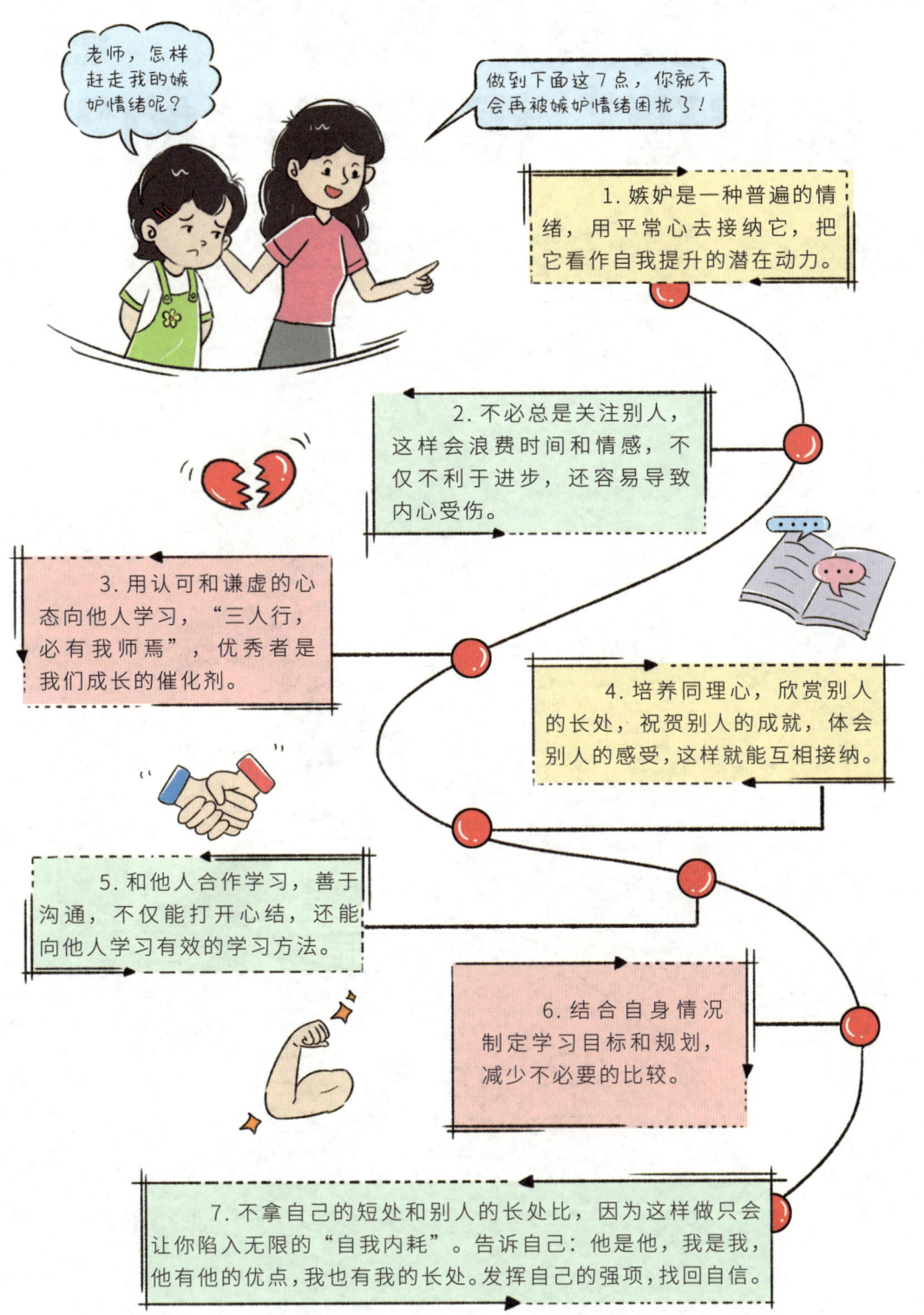

老师，怎样赶走我的嫉妒情绪呢?

做到下面这7点，你就不会再被嫉妒情绪困扰了!

1.嫉妒是一种普遍的情绪，用平常心去接纳它，把它看作自我提升的潜在动力。

2.不必总是关注别人，这样会浪费时间和情感，不仅不利于进步，还容易导致内心受伤。

3.用认可和谦虚的心态向他人学习，"三人行，必有我师焉"，优秀者是我们成长的催化剂。

4.培养同理心，欣赏别人的长处，祝贺别人的成就，体会别人的感受，这样就能互相接纳。

5.和他人合作学习，善于沟通，不仅能打开心结，还能向他人学习有效的学习方法。

6.结合自身情况制定学习目标和规划，减少不必要的比较。

7.不拿自己的短处和别人的长处比，因为这样做只会让你陷入无限的"自我内耗"。告诉自己:他是他，我是我，他有他的优点，我也有我的长处。发挥自己的强项，找回自信。

学习委员是怎样用"目标管理"提高成绩的？

三年级的时候，我遭遇了前所未有的挑战，原本名列前茅的我突然间成绩迅速下滑。那段时间，我特别苦恼。转机出现在爸爸引导我学会目标管理之后。他耐心地教导我如何设定明确的学习目标，并制定合理的学习计划。从那之后，我的成绩开始稳步回升，我也重新找回了往日的自信。作为学习委员，我非常愿意将这份经验与大家分享。

学习目标管理

坚如磐石

缺少目标管理，学习状态会怎样？

1. 学习没有动力，依赖性强，总是被爸爸妈妈推着走。

2. 时间观念差，学习效率低，容易敷衍应付。

3. 成绩不稳定，走一步看一步，没有长远的规划。

4. 没有清楚的、量化的目标作为参考，很难正确地评价自己。

为什么目标管理很重要？

1. 做目标管理时，通过反复、认真地思考怎么定合理的目标和对应的学习计划，能锻炼独立思考的能力。

2. 按照目标和计划来学习，过程中可能需要调整，也有可能会因为没达到预期而产生压力，这些都有助于提高自我调节的能力。

3. 通过制定学期目标、每月目标、每周目标，慢慢就能学会做长远规划。

布谷博士说

无论是学习还是工作，目标管理的精髓是共通的。拥有目标，能激发自我驱动力，使我们沿着既定的学习计划稳步前行。同时，目标管理通过设定大目标及一系列小目标，为我们绘制出一条清晰的成长路径，助力我们有条不紊地逐步接近梦想。此外，它还能促进我们正确地进行自我评估，既认识到自己的进步与成就，避免骄傲自满；又能在遇到挫折时保持清醒，不轻言放弃。

学习委员分享开始：用 SMART 原则管理学习目标！

"S" 的意思是具体的，即学习目标要清楚、具体，不能模糊不清，这样才能执行和评估。

"M" 的意思是可以衡量的，比如一个学期实现 8—10 分的进步是 "太棒了"，实现 4—7 分的进步是 "很理想"，实现 1—3 分的进步是 "达到预期，还有提升空间"。

真巧！"SMART" 就是聪明的意思，大家学会这个方法就更聪明了。

怪不得能当学习委员呢，有秘诀啊！

"A" 的意思是可以实现的，即目标不能过高，要确保能实现。

"T" 的意思是时限性，即每个学习目标都应该有时间限制，比如在三周内读完一本书。

"R" 的意思是具有相关性，也就是近期的学习目标要跟长远的规划相关联，要把小目标包含在大规划里。

怎样做学习计划才能执行下去？

设定目标之初，我可高兴了，想象着完成它会有多棒。但才过了三天，我就没那么激动了。我发现目标虽然看着好，但好像离我很远，而且我也不知道该怎么去做才能实现它。又过了几天，那个目标都快被我抛到脑后了。那个目标就像是一座高山的山顶，我站在山脚下，不知道该如何爬上去。也就是说，我缺少一个切实可行的学习计划。

目标在此

我该怎么到达那里呢？

缺少明确的学习计划，常常让你感到迷茫

1. 你虽然知道一个月后要达到什么目标，但是不清楚每周、每天该完成的任务量。

2. 你总是需要大人的提醒和监督，时间长了会觉得目标是他们定的，该怎么学也要听他们的，对下一步该做什么毫无想法。

3. 在实现目标的过程中，你没有得到有效的反馈，不知道离目标还有多远，甚至不知道有没有偏离目标。

4. 你明明想要做到更好，却发现努力半天成绩还在原地踏步，最终对完成目标也失去了信心。

是什么阻碍了你学习计划的执行?

1. 你的时间知觉还不成熟,难以把不同的学习任务和所要花费的时间准确地一一联系起来。

2. 你过于依赖老师和父母的安排,缺乏独立做计划的经验。

3. 你缺乏对学习任务的排序与规划能力。

布谷博士说

当你想要实现一个学习目标,比如让语文成绩提高10分,你可能需要在基础字词句、阅读理解、写作等方面都下功夫。面对这样的多项任务,你可以尝试为每一个小目标制定一个简单的计划。比如,每天多记几个字词,每周精读两篇好文章并分享感受,每个月写两篇小作文。这样,每天只需要努力一点点,日积月累,你就会离目标越来越近了。

用"六步法"制定学习计划

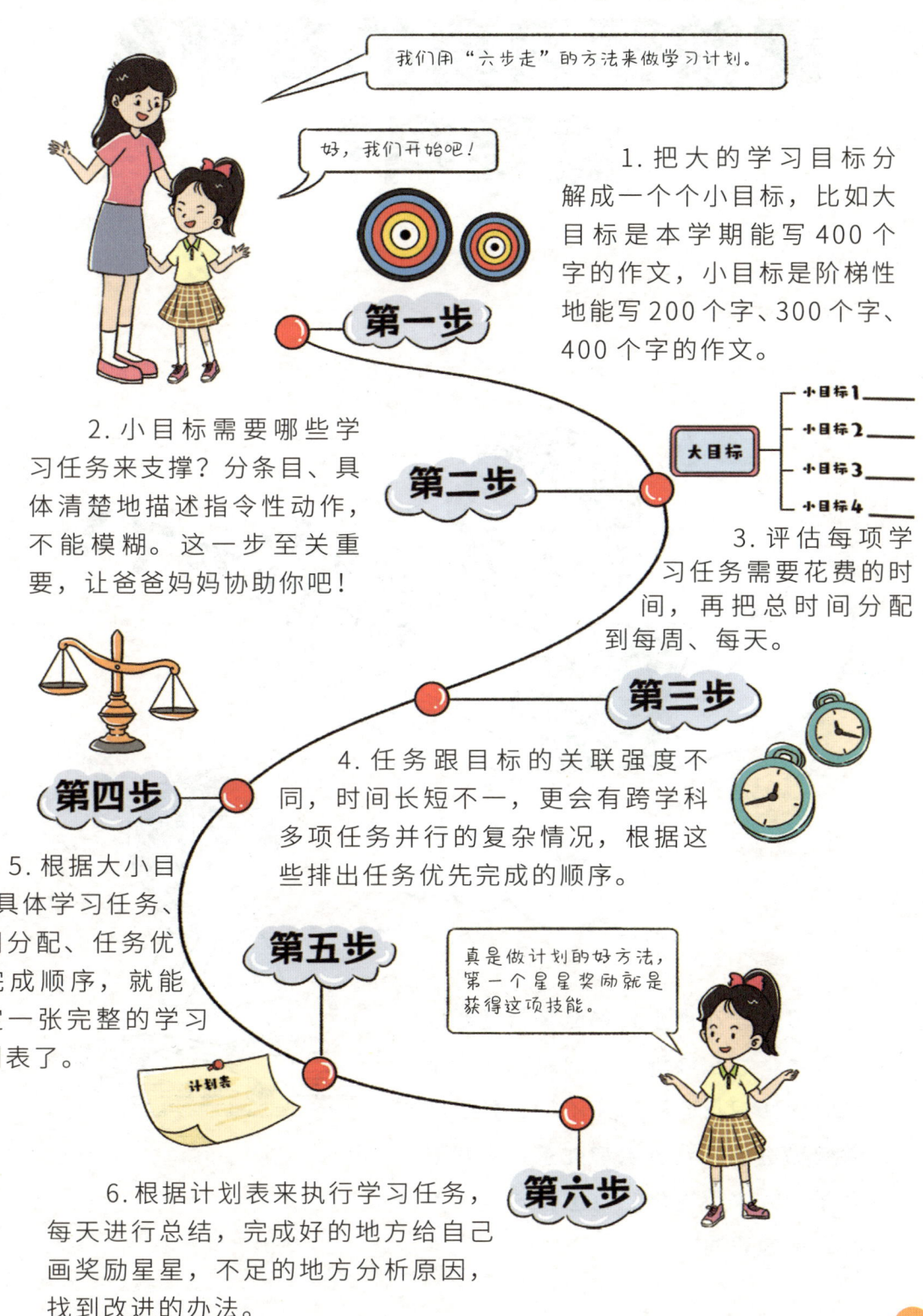

我们用"六步走"的方法来做学习计划。

好，我们开始吧！

1. 把大的学习目标分解成一个个小目标，比如大目标是本学期能写 400 个字的作文，小目标是阶梯性地能写 200 个字、300 个字、400 个字的作文。

第一步

大目标
- 小目标1
- 小目标2
- 小目标3
- 小目标4

2. 小目标需要哪些学习任务来支撑？分条目、具体清楚地描述指令性动作，不能模糊。这一步至关重要，让爸爸妈妈协助你吧！

第二步

3. 评估每项学习任务需要花费的时间，再把总时间分配到每周、每天。

第三步

4. 任务跟目标的关联强度不同，时间长短不一，更会有跨学科多项任务并行的复杂情况，根据这些排出任务优先完成的顺序。

第四步

5. 根据大小目标、具体学习任务、时间分配、任务优先完成顺序，就能制定一张完整的学习计划表了。

第五步

真是做计划的好方法，第一个星星奖励就是获得这项技能。

计划表

6. 根据计划表来执行学习任务，每天进行总结，完成好的地方给自己画奖励星星，不足的地方分析原因，找到改进的办法。

第六步

课前预习真的有那么重要吗？

要想学习好，课前预习少不了！

为什么别人能在课堂上轻松跟着老师思路走，而我却那么吃力呢？

很多同学在课堂上都能轻松地跟随老师的节奏，并积极地抢答问题。而我呢，要么对新知识点感到困惑不解，要么跟不上课堂的进度，整节课都处于紧张状态，结果学习效果很不好。难道真的是因为我没有课前预习吗？

课前不预习，学习会受到怎样的影响？

1. 由于没有对新知识进行初步了解，你在课堂上可能会感到陌生和困惑，难以迅速跟上老师的节奏和思路。

2. 缺乏预习会让你在课后花费更多时间和精力去理解和消化新知识，导致整体学习效率降低。

3. 没有预习的铺垫，学生在课后复习和巩固知识时可能会感到吃力，难以形成深刻的理解和记忆。

4. 长期不预习会削弱你的自主学习能力，你习惯于被动接受知识，而不是主动探索和发现知识。

课前预习到底有多重要？
听听老师和同学们怎么说

预 习

根据"艾宾浩斯遗忘曲线"理论，预习、听课和复习结合，能最大程度地降低遗忘率，减轻复习压力。

提前熟悉新知识会让我跟上课堂节奏，更好地参与到课堂互动中来，这样我对知识的理解和吸收就更快了。

预习能提高我的自主学习能力，我发现我的学习兴趣提高了，学习动力也增强了。

预习能提高学习效果，还能增强自信心，帮助我养成积极的学习态度和良好的学习习惯。

布谷博士说

　　虽然预习是一个好习惯，但也不要过度预习！预习过度，可能会带来以下问题：一是复习和拓展学习的时间缩减，影响整体学习效果；二是在课堂上会感到内容重复，学习兴趣和专注力降低；三是忽视老师讲解和课堂互动，错过对预习内容进行反馈和检验的机会，导致对知识的理解停留在表面，甚至产生误解。因此，预习要适度。

怎样进行有效预习？试试"六步法"！

这就是我的"六步法"。

通读新课，初步了解新知识，可以简单地进行自问自答："这一课主要讲了什么？"

细读，标记重点、难点以及不懂的地方，集中精力对标记的内容进行深入思考。

利用字典、参考书等工具书理解新知识，尤其是标记的内容。这是独立解决问题的关键步骤。

利用思维导图进行归纳和总结，包括知识框架、重点、难点和疑问点。

通过完成课后习题或者借助相关学习材料来检验预习的效果，强化理解和记忆。

谢谢你倾囊相授。

带着预习发现的问题去听课或者请教老师，这样能显著提高课堂效率和学习效果。

怎样听课才能把知识消化透？

　　我发现自己最近听课的效果很差——课上听不懂，课后复习时感觉像是重新自学一遍，学习效率非常低。这让我非常苦恼。我该怎样改进自己的听课技巧，以达到更高效的学习状态呢？

听课时的迷糊时刻

1. 我经常不受控制地盯着某处发呆。有时听不进去课，总想着下课后的活动。

2. 我不愿意参与课堂互动，平时课上很少主动举手回答问题；小组讨论时，我也是发言最少的那个。

那么积极有什么用！

这么多内容，到底哪个是重点呢？

3. 我上课时不积极思考，分不清重点。看着同桌的笔记密密麻麻，我的课本洁白得跟新的一样。

4. 我跟不上老师的教学节奏。听完一堂课，知识根本没有装进脑子里，新的知识点难以消化。

这堂课真是收获满满呀！

为什么只有我听得糊里糊涂？

我觉得很有意思。

075

上课效率低的真相，你中招了吗？

基础薄弱，难以理解新知识。

重复学习，找不到重点。

不适应学习难度，导致跟不上课堂节奏。

情绪波动大，易受情绪影响，难以专心听课。

没有明确的学习目标，学习动力不足。

课堂参与度低，缺乏与老师和同学的互动。

对课程内容缺乏兴趣，陷入被动听课的状态。

课前未预习，对新知识缺乏基础理解。

注意力分散，容易受外界干扰，难以专注听课。

睡眠不足导致上课困乏。

平时积累的问题没有及时解决。

身体不适，感觉疲惫，无法专心听课。

布谷博士说

　　有些孩子没有养成吃早餐的习惯，或者只是敷衍了事地吃早餐，这是不好的。经过一晚的睡眠，身体和大脑都处于饥饿状态。此时血糖水平较低，如果不吃早餐，在上午上课时，更容易出现困倦、注意力不集中以及难以记住新知识的情况。因此，要认真对待早餐哦！一份营养均衡的早餐应该包含谷类、蛋白质、蔬菜以及适量的植物油等营养成分。

掌握高效的听课方法，让学习事半功倍！

1. 课前预习，标记新课的重点和难点，听课更有针对性。

2. 紧跟老师思路，主动提出疑惑，积极回答问题，让大脑保持活跃，也能保持专注。

3. 上课时主动思考，这能够让你更加深入地理解知识，提高学习效率。

4. 及时复习课堂内容，巩固记忆，查漏补缺，确保每个知识点都掌握得扎实牢固。

5. 保持规律的作息，保证充足的睡眠，安排适当的娱乐时间，这样能确保听课时注意力集中。

怎样写作业才能快速又高效?

　　我的作业常常会拖延到很晚,这让我不禁要问:是谁发明了作业?我们到底为什么要写作业呢?在观察周围同学后,我发现大家对待作业的态度不尽相同。有的同学写作业速度很快,但错误连篇;有的必须在父母的监督下才能完成;还有的,就像我一样,边写边玩,结果总是熬到很晚。这不禁让我深思:究竟怎样写作业才能又快又高效呢?

写作业的误区，你踩中几个？

1. 打卡式写作业：我只想快点完成作业以应付差事，既不检查，也不将作业与当天所学内容进行关联复习。

2. 随意式写作业：我缺乏计划性，随心所欲，想写哪个作业就写哪个，还时常写写停停，边写边玩。

3. 依赖式完成作业：我依赖于父母的陪伴才能完成作业，缺乏独立思考和自主解决问题的能力。

4. 拖延式写作业：只要父母不催促我，我绝不会主动写作业，最终导致所有作业都积压到临睡前才匆忙完成。

为什么要写作业？

你们知道为什么要写作业吗？

为了巩固课堂知识，加深理解和记忆！

检查当天的课堂学习情况。

为了培养我们良好的学习习惯。

突破重点、难点以及进行拓展学习。

对当天的课堂知识进行查漏补缺。

是为了深入理解课程内容，让我们学以致用。

让我们培养独立思考和解决问题的能力！

布谷博士说　　孩子们，家庭作业是检验学习成效的好帮手。把完成作业看作一次自我挑战的机会，遇到难题别逃避，正是这些挑战会让你更强大。你可以尝试把作业分解成具体的完成项目，比如先完成数学，再完成语文，每完成一项就给自己一点儿奖励。这样，作业就不再是沉重的负担，而是你成长的阶梯，让你更自信、更有条理地面对学习。

怎样才能快速高效地完成作业？

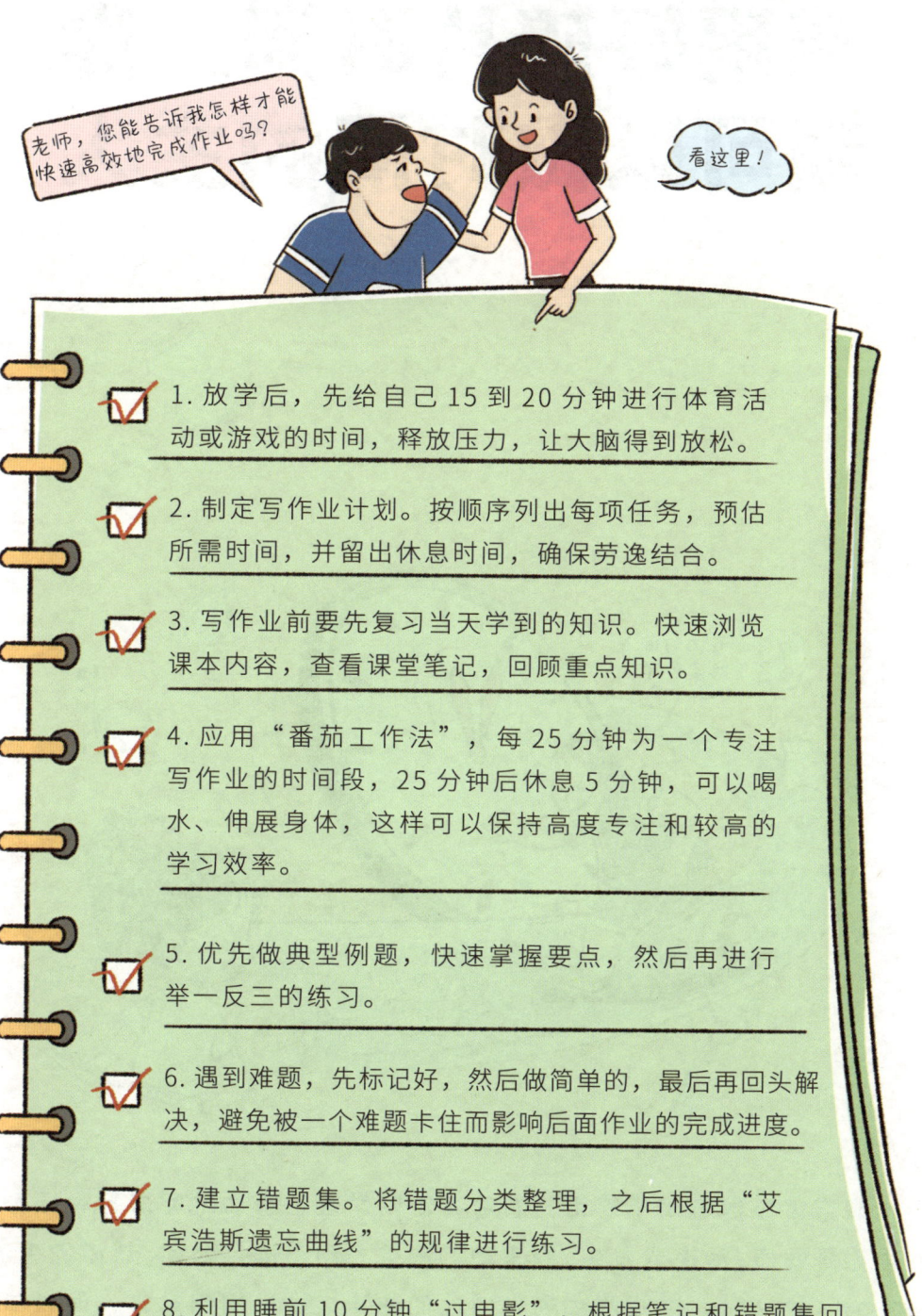

老师，您能告诉我怎样才能快速高效地完成作业吗？

看这里！

☑ 1. 放学后，先给自己 15 到 20 分钟进行体育活动或游戏的时间，释放压力，让大脑得到放松。

☑ 2. 制定写作业计划。按顺序列出每项任务，预估所需时间，并留出休息时间，确保劳逸结合。

☑ 3. 写作业前要先复习当天学到的知识。快速浏览课本内容，查看课堂笔记，回顾重点知识。

☑ 4. 应用"番茄工作法"，每 25 分钟为一个专注写作业的时间段，25 分钟后休息 5 分钟，可以喝水、伸展身体，这样可以保持高度专注和较高的学习效率。

☑ 5. 优先做典型例题，快速掌握要点，然后再进行举一反三的练习。

☑ 6. 遇到难题，先标记好，然后做简单的，最后再回头解决，避免被一个难题卡住而影响后面作业的完成进度。

☑ 7. 建立错题集。将错题分类整理，之后根据"艾宾浩斯遗忘曲线"的规律进行练习。

☑ 8. 利用睡前 10 分钟"过电影"，根据笔记和错题集回顾全天所学内容，以加深记忆并锻炼归纳总结能力。

利用好碎片时间，你就可以做时间的主人

我常常感到时间不够用，看着其他同学轻松自如地完成各种任务，心里很是困惑。后来我发现，原来他们都善于利用碎片时间。课间休息时、等车时、排队时，这些零碎的时间他们都能巧妙地利用起来，而我却总是让这些时间白白溜走。我也想学会利用碎片时间，让生活更加充实，可总是找不到合适的方法，心里真有些着急。

你的一天里有多少碎片时间？

1. 在等车时

2. 在上学路上

3. 在课间休息时

4. 在食堂排队时

食堂

5. 在上厕所时

6. 在晚上睡觉前

为什么要重视碎片时间的利用？

老师说，一个知识点需要在一天内重复复习三遍才能记牢，碎片时间就可以派上用场啦。

强化记忆

零散的碎片时间虽然少，但一天累积起来就很多了，它能让我们比原来完成更多的事情。

积少成多

在碎片时间里，大脑的思维更为活跃，用这段时间来思考难题，更容易打开思路。

思考问题

可以利用碎片时间来完成背诵内容，这样就不必占用写作业的时间了。

适合背诵

每天做归纳总结很重要，但是也很简单，完全可以利用睡前的空闲时间来做。

归纳总结

在碎片时间里捕捉那些发散思维和瞬间灵感，并随手用小本本记录下来，是很棒的学习积累。

小学生有好多碎片时间，让自己变优秀的秘密，就在里面哦。

发散思维

布谷博士说

　　我们生活中那些零散、无规律且未加规划的空闲时段，通常不会被明确列入日常的时间表中，然而它们却自然而然地嵌入我们的日常生活和学习之中。我们往往觉得这些碎片时间无关紧要或价值不大，因而任其白白流逝。但如果能够合理利用这些碎片时间，你便能在不经意间积累比别人更多的宝贵时间。

怎样合理利用碎片时间？

1. 在车站等车的 5 分钟，我可以回忆一下昨晚背过的古诗。

2. 在乘坐校车 20 分钟的上学途中，我感到很无聊，这段时间不如用来听听英语阅读。

3. 我要充分利用课间 10 分钟来拉伸身体，让自己有更充沛的精力迎接下一门课的听讲。

4. 中午在食堂排队等候的 5 分钟里，我可以构思下午小组讨论会的思路。

5. 坐在马桶上的 10 分钟，我可以阅读心爱的故事书。

6. 晚上躺在床上入睡前的 10 分钟，我可以像放电影一样回顾今天所学的知识，也能锻炼归纳总结的能力。

离考试还有一周，该怎样冲刺学习？

期末考试临近，焦虑的我夜里睡不着，白天又没精打采。一想到自己还有很多薄弱的知识点需要复习，就很紧张。可是我实在不知道考试之前到底该怎么冲刺复习，好苦恼啊！

考试前的各种状态

1. 完了完了，没时间了，好慌啊！我只能开启"无差别扫射"的复习模式了。

2. 还有七天，加油干就对了！我打算每晚学到 12 点，熬几个晚上应该没问题。

3. 反正还有那么多没复习，我没抱太高期待，就随便看看吧，能考成啥样顺其自然吧。

4. 好多知识点复习完了还是似懂非懂，但愿考试卷上不要出这几道题。

考前冲刺，千万别踏入这些误区

一周后考试，一定要做好计划。

怎么做计划？不做行不行？

1. 缺乏计划。对复习内容的多少和难易程度没把握，整体时间安排混乱，导致考试临近时仍未复习完毕。

薄弱的科目多花一些时间，基础好的科目花一天时间就够啦！

我得做一下规划：语文两天，数学两天，英语两天……好像时间不够了！

2. 合理分配复习时间。将时间合理分配到每科及各知识单元，追求全面忽略重点，结果只会导致"样样通，样样松"。

这道难题，我一定要攻克！

先抓紧时间复习其他内容，太难的题就放到最后再复习！

3. 死抠难题。遇到不会做的题，就"死磕到底"，结果大大影响了其他科目和其他知识点的复习进度。

4. 熬时间。因为缺少计划性和好方法，只能依靠延长复习时间来弥补，结果导致身心疲惫，复习效率低下。

又熬到了12点……

布谷博士说

考试前一周，为了确保达到最佳状态，我们必须保证充足的休息与睡眠，避免熬夜，这对增强记忆力和提高学习效果至关重要。若感到过度紧张或焦虑，我们应给予自己正面的心理暗示，更多地关注学习过程而非仅仅聚焦于考试结果，同时可以通过体育活动、小游戏、深呼吸练习、远眺等方法来有效缓解压力、放松身心。

系统掌握，冲刺复习！

Day1

看目录，回忆各章节的核心；翻课本，快速复习知识点和典型题目；画简单的思维导图，把上面这三项搭出一张知识网。

Day2-3

根据思维导图再次翻看课本，结合其他学习资料，进行细致复习，一要做笔记（推荐"康奈尔笔记法"），二要对照错题集，巩固知识点。

Day4-5

做真题和模拟题，检查复习效果，对有把握的知识不再多花时间复习，对记忆不牢固、把握有困难的知识再用笔记和错题集进行分析总结。

Day6-7

"压缩式"总复习：比如3次复盘笔记和错题集，相应做一些题进行巩固，将10页复习内容总结压缩到5页、3页、1页。这1页纸就是冲刺的秘密武器。

冲刺复习是有规律的，每天的重点不一样。

懂了！还是利用"艾宾浩斯遗忘曲线"，好厉害。

考试太紧张，影响正常发挥怎么办？

考试中

　　考试前，我感觉复习得很充分了，模拟测试也很满意，但在考场拿到试卷后，我还是感到有一些忐忑不安，尤其是遇到几个不会的、模棱两可的题目后，我的紧张情绪就逐渐升级了，以至于连平时很有把握的题目也答错，甚至出现看错题、漏题、字迹潦草的糟糕情况。哎！一场失利不可避免了……

在考场上，你出现过哪些"意外"？

1. 我被前面不会做的题卡住了，时间没分配好，最后的大题都没做完，更没时间检查。

2. 碰到简单的题时，我心里会窃喜，但马虎的情况也随之而来，比如进行竖式计算后，忘记将结果写到题目中。

3. 由于过度紧张，我的脑袋变得一片空白，连平时记得清清楚楚的生字生词也拿不准了。

4. 我的神经一直绷着，写作文时思绪完全发散不出来，只好东一句西一句地勉强把字数凑够。

考试紧张时的心理变化

碰到不会的题，你可能眉头一紧，做好标记后接着往下做；遇到第二道不会的题，你心里咯噔一下；到第三道题还是不会做时，你就有些坐不住了。

你抬头一看，大家都在快速地写答案，你开始慌了，身体不由自主地紧绷起来，手也跟着微微发抖。

你想不起以前背过的知识，解题的思路开始混乱，心情变得焦躁不安。

2

3

4

1

5

刚开始，你的手心会微微出汗，心跳慢慢加快，心里一边默念着"好好发挥，考高分"，一边告诫自己"冷静，不要紧张"。

你会在心底暗示自己"我不会""完蛋了"，脑子里还会不停浮现考砸的后果，你几乎要哭了。

布谷博士说

　　心理学认为，紧张程度与考试效果之间呈现"倒U型"曲线关系，即存在一个最优的紧张水平。紧张水平过低会导致注意力不集中，甚至可能感到考试无聊，只想尽快结束；紧张水平过高则会引起焦虑不安和情绪波动。这两者都会影响考试结果。最优的紧张水平即适度的紧张，适度紧张具有激活作用，能使大脑保持专注，同时促进思维的活跃性和创造力。因此，要正确看待考试紧张，并掌握调节紧张情绪的方法。

怎样摆脱考试紧张情绪?

一、用"4步法"舒缓考试紧张情绪

1. 考试前半小时至一小时,让自己进入安静的"空想"状态。
2. 想象考试的具体流程、细节以及自己的动作行为。
3. 想象遇到难题、出现消极情绪时要怎么应对。
4. 反复预演几遍,在脑海中形成熟悉的画面,就好像已经经历了考试一样。

今天考试不要紧张哦。

我先提前让自己进入安静的"空想"状态。

做到以上 4 步,身处考试的现实场景时,脑神经会按之前想象的场景进行反应,就不会过度紧张了。

二、掌握7个考试技巧

你已经复习得很好了,注意这7个考试技巧,一定能考好。

1. 快速浏览试卷:题目大概有多少?难易程度如何?时间怎么合理分配?
2. 做题先易后难。
3. 不要在难题上卡顿。
4. 答题要字迹清晰。
5. 利用标记法仔细阅读题目。
6. 草稿纸不要潦草,还要和题号一一对应。
7. 留时间检查卷面。

我记住啦!

考试结束后，你忘了最关键的一步……

哇，考试结束啦！

还……还没有……

考试总结都做了吗？

　　我没有考试后做总结的习惯，每次仅仅是简单地订正了错题，随后便将试卷搁置一旁。当听到同学们交流如何整理错题、分析成绩波动时，我内心暗自嘀咕：为何非要做总结呢？订正错题不就行了吗？为什么还要在过往的事情上浪费时间呢？

你有考试后做总结的习惯吗？

1. 你很少会回过头仔细审视自己的错题，更谈不上通过这些错题举一反三，去巩固和深化相关的知识点，导致同类型的错误一再出现。

2. 每次你都把考试当作一项闯关任务，一旦考试结束，就认为已经闯关成功，很少再去仔细翻看试卷，更不会进行深入的反思和总结。

闯关成功，我要放松了天……

你应该做个总结，看看哪些知识点学得还不扎实，要及时巩固才对！

3. 在考试中，你遇到几道不懂的选择题，侥幸地猜对了答案，为此你庆幸自己运气好，考完后也不愿再去探究这些题正确的解答思路。

为什么每次考试过后都要做总结?

别灰心,考试只是检查上一个阶段知识掌握得怎么样,我们能趁机提高自己。

嗯!

1. 做总结能让我们更正确地看待考试,每次的阶段性考试可以帮助我们发现知识点的薄弱和不足之处。

小新,这比考试成绩重要多了,你的态度和做法值得全班同学学习!

老师,这是我的语文考试总结。

2. 接受考试失利,平和、认真地做总结,这能锻炼我们的抗挫折能力,培养积极面对失败的乐观态度。

这道题是由于马虎出错的,以后类似这样的错误不能再出现!

3. 做总结的过程也是自我反馈、自我评价的过程,知道错在了哪里,能帮助我们提高自主学习的能力。

考试总结重不重要?

重要!

检测 学习 总结

4. 每次考试总结都能帮我们建立学习闭环,也就是学习—检测—总结—再学习的循环过程,这是养成良好学习习惯和掌握高效学习方法的关键。

布谷博士说

孩子们,考试后进行总结其实是一个自我反思的过程,它能帮助你更清晰地了解自己的知识掌握情况。通过整理笔记和分析错题,你能发现学习中的盲点,及时调整学习策略。别害怕这个过程,它看似耗时,实则是在为你的未来节省时间,让你的学习之路更加高效和顺畅。

怎样做考试总结?

老师，考试后怎样做总结?

要分类做，一类是知识性总结，另一类是非知识性总结。

知识性总结

非知识性总结

考 试 总 结

1. 先自己分析试卷，订正错题，这样做的目的在于独立推演答案，以加深理解。

2. 整理笔记和错题集，将错题进行分类，详细记录错误原因和正确的解题步骤，并开展拓展训练，列举相关题目或知识点进行强化练习，学会举一反三。

3. 制定针对性提高计划，例如，针对阅读题难度高的问题，可以设计一个阶段性的专项提升计划，如每天安排做两篇阅读题进行练习。

1. 制作各科成绩的折线统计图，通过成绩的起伏变化可以了解阶段性知识掌握的情况，同时也能发现学习状态的好坏。

2. 回顾并记录考试前自己的行为表现，区分哪些行为是有益的，哪些是有害的，以便下次考试前遇到类似情况时能够及时避免不利行为的发生。

3. 总结考试状态，包括紧张程度、时间分配等，像"场景重现"一样进行反思。经过多次总结，可以逐渐掌握考试的节奏，提升答题技巧。

为什么我对阅读提不起兴趣?

　　我对阅读缺乏兴趣,每次翻开书本,心里就犯怵。那些密密麻麻的文字,就像重重叠叠的小山,令我压抑。阅读于我而言,变成了一项枯燥乏味的任务。我该如何才能爱上阅读,享受其中的乐趣呢?

你在阅读时有哪些困惑?

阅读讨论会

同学们,今天班会的主题是"阅读讨论会",下面我先来问问大家对于阅读有哪些困惑。

我觉得阅读一点儿意思都没有,翻开书,我就忍不住打瞌睡。

我阅读全凭心情,高兴时就读,不高兴时就不读,妈妈说我"三天打鱼,两天晒网"。

我的阅读速度有点慢,需要花费很多时间和精力才能理解其中的内容,所以有点儿抵触阅读。

我不明白,阅读到底为什么重要呢?它能带给我什么样的力量和智慧呢?

阅读到底有多重要？

我来告诉大家，阅读能给你们带来什么。

知识层面

1. 通过阅读能积累字词并学习如何运用，充实字词库是提升语文基础功的重要保障。

2. 坚持阅读，每天感受和理解句子、段落、文章，我们的阅读理解能力会在不知不觉中得到提升。

3. 通过阅读能积累优美的文字，找到写作灵感，提升写作技巧，这些是提升作文水平的秘密武器。

4. 吸收书籍中丰富的词汇和表达方式，再进行理解、内化，可以增强语言表达能力。

精神层面

1. 多读书能拓宽视野，丰富多领域的知识储备，让我们避免成为"井底之蛙"。

2. 阅读能锻炼我们自主学习和独立思考的能力，这两种能力将伴随我们一生，受益无穷。

3. 阅读经典书籍，我们会受到书中人物和思想的熏陶，培养高尚的品格和美好的心灵。

布谷博士说

阅读的好处如此之多，你是不是已经迫不及待，想要立刻翻开一本书呢？但别忘了，热情如火也需耐心相伴。当阅读显得乏味，或成效未即时显现时，切忌轻易动摇。记住，"骐骥一跃，不能十步；驽马十驾，功在不舍"，耐心与坚持至关重要。心理学告诉我们，养成新习惯至少需要21天。因此，不妨先设定每天阅读的小目标，坚持21天，让阅读习惯悄然生根。

怎样找到阅读的乐趣？

1. 从兴趣出发，选择吸引你的书籍，让阅读成为享受而非负担。

2. 与朋友或书友分享读书心得，讨论书中内容，增加阅读的乐趣和动力。

3. 制定 21 天为一个周期的阅读计划，每天至少阅读 30 分钟，每个周期可以读不同类型的书，也可以从易到难逐渐升级。

4. 为自己设定阅读目标，达成后给予小奖励，比如看一场电影，以激励自己持续阅读。

写好一篇作文，
有捷径可走吗？

　　写作文对我来说真是个大难题，每次提起笔，我就感到设思路，一不小心就写成了一篇流水账，或者只能凑字数来填满那张空白的纸。这些问题，我知道不只是我有，身边的同学们也有同样的困惑。究竟怎样才能写出一篇打动人心的好作文呢？

写作文的几大通病

1. 一看到作文题目，我就先在脑海中搜索背过的范文，动笔时总想着引用，结果常常写跑题，有时还会由于内容过于相似而被视为抄袭。

2. 我总想着在作文中堆砌过多的华丽辞藻，但老师指出，这样做有时反而会适得其反，使用朴实无华的语言有时候会让作文更加自然流畅，同样也能吸引人。

3. 每句话我都运用修辞手法，追求"文采"，却忽视了对内容的叙述，整篇文章很空洞、没重点，老师说我是舍本逐末。

4. 我想到一句写一句，没有框架和逻辑，老师说我的作文像流水账，没重点，也不生动。

范文对写作文有帮助吗?

范文的利与弊

正方

读范文跟其他阅读一样,能积累好的字词句,充实素材库。

范文有很多种写作风格,可以借此找到适合自己的风格,然后多练习。

我写作文没有框架、缺少逻辑,多看范文,我在这两方面都提高了。

范文里有很多句子使用了扩写、修辞等技巧,这正是我需要学习的。

反方

范文越精彩,我们就越想要参考它、模仿它,很容易变成生搬硬套。

范文容易让人产生依赖、不想过多思考的心理,导致写作缺乏原创能力。

背范文有时候仅仅是记住它,却没有对知识做到真正的理解和内化。

在内容层面,读范文可以积累素材,但在写作方法层面,没有促进作用。

布谷博士说

　　读范文确实可以像阅读其他经典书籍一样,起到积累优美字词句、丰富素材库的作用,但是我们要谨防"过犹不及"。因为过度阅读和运用范文,可能会抑制想象、创造和独立思考的能力,而这些能力对于小学生来说至关重要。如果让模仿范文成为写作的捷径,我们的思维就会变得僵化,难以形成自己独特的写作风格,同时也会忽视对写作方法的学习。

怎样给作文提分？

1. 写作来源于生活，多观察生活、体验生活、记录生活，才能慢慢积累丰富的写作素材。

2. "读书破万卷，下笔如有神"，大量阅读是充实素材库、增加知识储备的最好方法。

3. 坚持每天进行写作练习，可以从简单的造句、仿写开始，逐渐过渡到写日记、写心得、写读书笔记，最终提升到写作文的阶段。

4. 通过练习各种写作方法，如扩写句子、利用思维导图搭建文章框架、运用"五感法"进行细致描述等提升写作能力。

为什么课上我感觉听懂了，可课下一做题就又懵了？

    我常有这样一种感觉，尤其是在面对新知识或复杂概念时，每次在课堂上，我总觉得自己理解了老师讲的内容，但到了实际应用或考试时，却发现自己好像并没有真正掌握，始终有种似懂非懂的感觉。

这些"似懂非懂"的情形，你遇到过吗？

1. 课堂上老师讲的成语我都能理解，可是让我自己仿写造句，就很困难。

2. 课堂上老师讲的数学知识感觉都掌握了，可是课下做巩固练习时还是错误连连。

3. 英语语法的例题和作业我都做对了，可是把语法用在自由对话练习中，我就不知所措了。

4. 读完一本有趣的书后，我觉得自己已经掌握了故事内容，可是在给别人分享时，却讲得磕磕绊绊。

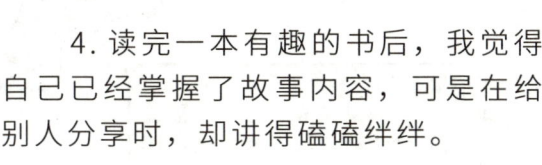

是时候让超厉害的"费曼学习法"登场了

什么是"费曼学习法"？

　　"费曼学习法"是由著名的物理学家理查德·费曼提出的，它的核心思想是通过"教是最好的学"来深化对知识的理解与记忆。具体地说，这种方法鼓励大家通过用自己的语言解释和表达复杂概念来检验对知识的理解和掌握程度。

"费曼学习法"为什么厉害？

原来，我平时大部分时间都是在被动学习呀，怪不得知识吸收和记忆的效果不怎么好呢！

我经常组织一些小伙伴进行小组讨论，看来还是挺不错的主动学习的方式。

被动学习

课堂听讲	5%
阅读	10%
试听教程	20%
示范/展示	30%
小组讨论	50%
实习（实作演练）	70%
转教他人/即时应用所学知识	90%

主动学习

学习内容平均留存率

老师布置的数学实践应用，我一个不落地做，看来这是更高效的主动学习。

相比之下，最高效的是"费曼学习法"，它要求你先将知识真正弄明白，然后能够简单、清楚地讲解给他人听，这时你仿佛变成了一位老师。

"费曼学习法"的使用步骤

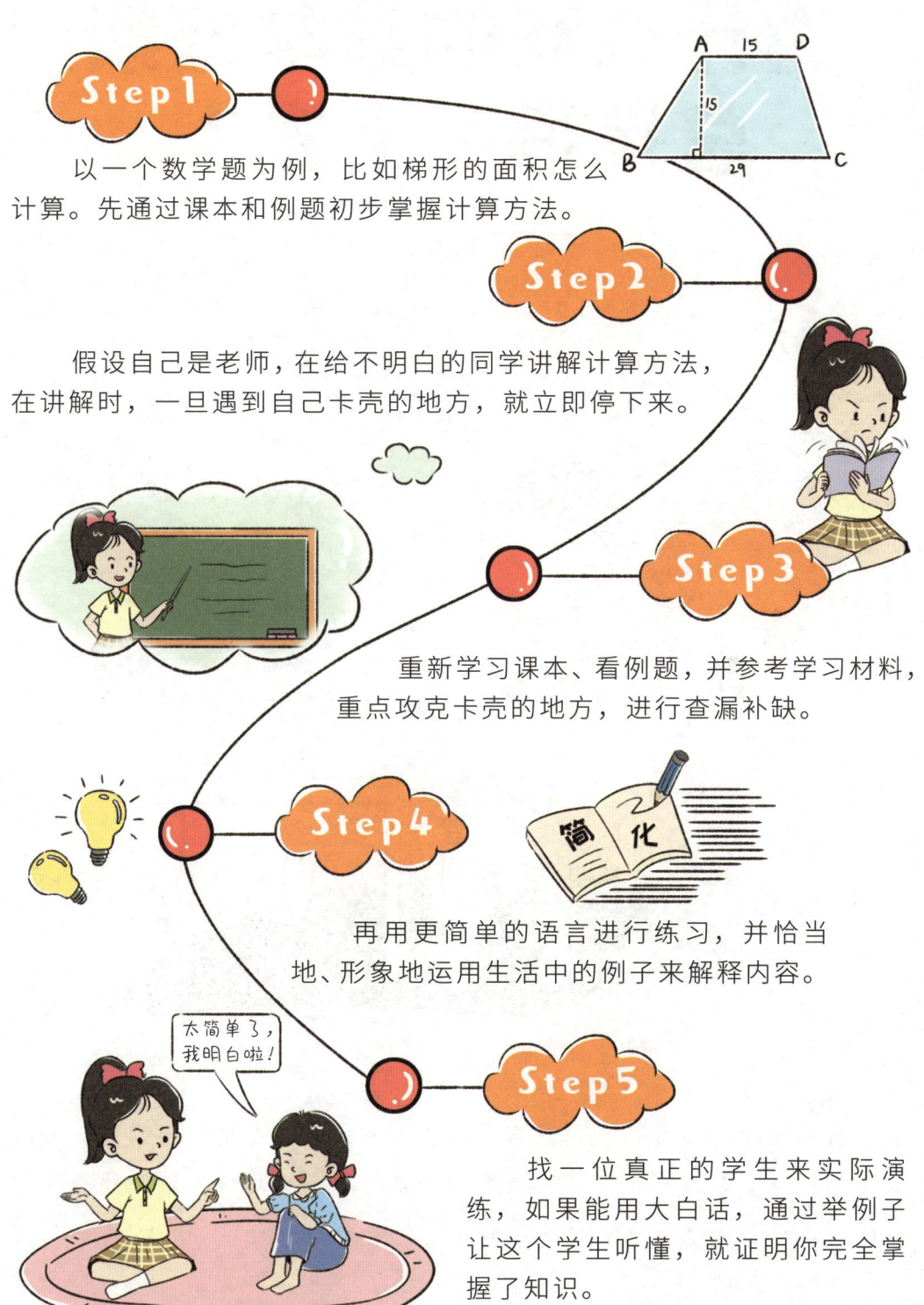

Step1

以一个数学题为例，比如梯形的面积怎么计算。先通过课本和例题初步掌握计算方法。

Step2

假设自己是老师，在给不明白的同学讲解计算方法，在讲解时，一旦遇到自己卡壳的地方，就立即停下来。

Step3

重新学习课本、看例题，并参考学习材料，重点攻克卡壳的地方，进行查漏补缺。

Step4

再用更简单的语言进行练习，并恰当地、形象地运用生活中的例子来解释内容。

Step5

太简单了，我明白啦！

找一位真正的学生来实际演练，如果能用大白话，通过举例子让这个学生听懂，就证明你完全掌握了知识。

为什么我的数学成绩总是提不上去?

　　我的数学成绩很差,妈妈给我挑选了一大堆辅导书、练习题,我只能硬着头皮去做。可是过了一段时间,我不仅原地踏步,反而让我对数学产生了更强的抵触情绪,这可怎么办?

这些学数学的困惑，你有吗？

1. 面对数学问题时，难以厘清思路，无法准确理解题目的要求和背后的数学概念。

3. 在计算过程中由于马虎出错，对于基本的加减乘除运算也经常混淆。

2. 在解决数学问题时，缺乏灵活性和创新性，只能依赖死记硬背的方法，不会把数学知识应用到实际问题中。

4. 对数学缺乏兴趣和热情，不愿意主动思考和探索数学问题，甚至对数学产生畏惧和逃避心理。

数学实践是点燃数学兴趣的关键

怎样搭才能让长方形的周长最短呢？

这个挺有意思的，我要试一试。

1. 动手实践，主动探索，让动手和动脑结合起来，既能加深对知识的理解，也能带来成就感，激发学习数学的兴趣和动力。

我彻底明白 3×5 的两种意思了。

2. 数学游戏和实践能把课本中抽象的数学概念变得容易理解，也可以锻炼我们抽象和具象相互转化的能力。

这就是一个数学模型，符号表示三人的硬币数，列出等式，就能求解了。

$$\bigcirc + \square = 16 \quad \bigcirc + \triangle = 12$$
$$\triangle + \square = 20$$

3. 数学实践是一个"数学建模"的过程，也就是发现问题—提出问题—分析问题—解决问题的过程，能很好地培养数学思维。

布谷博士说

用书本上的数学知识和方法来解决实际生活中遇到的问题，就是数学建模。例如，春节要到了，爸爸妈妈让你来分配1000元的购物基金，这时候就会用到加减乘除、分数、百分比、统计等，这个过程非常有助于你理解数学概念和运算，还能激发你的兴趣和创造力。通过数学建模，你可以更好地理解数学是如何解决日常问题的。

学好数学有窍门

1.扎实掌握数学基础知识，深入理解每一个数学概念、定理，并扎实推演例题，把本质弄明白。

> 乘法的本质是相同加数相加的简便运算，这样的题可以分成两个乘法算式相加，一个有整百数，一个在乘法口诀表里。

$$106 \times 4 = 100 \times 4 + 6 \times 4$$

> 数学基础知识掌握了，我要尝试做一些提升思维的数学题了！

2.把数学的基本功练扎实，再尝试探索一些稍有难度的知识，提升和拓展思维。

3.将平时易错的题型整理在错题本上，多温习回顾，思考为什么会出错，寻找其中的规律，避免下次再犯同样的错误。

> 这道题错在乘法分配率没有掌握扎实，我一定要好好复习一下这个知识点。

> 老师，这道思维拓展题我想了好几种方案，感觉还是不太对……

> 你能主动思考，很值得表扬，虽然方法需要改正，但是思考的过程非常棒！

4.多进行自主学习、独立思考，如果遇到难题需要请教老师或父母，也要带着经过深入思考后的疑问去询问。

> 儿子，你真棒，快给我讲讲！

> 我觉得这道题这样做很麻烦，我有更简便的算法。

5.要敢于尝试新的解题思路和解题方法，不要将思维固化，要有勇气去质疑和提问。